AF234138

DES EFFETS ET DE L'EXTINCTION

DES

PRIVILÉGES ET HYPOTHÈQUES.

Thèse qui sera soutenue le vendredi 1er juin 1827, à une heure et demie, dans la salle des Cours publics de la Faculté de Droit de Paris,

PAR M. CAMILLE PROUDHON,

DOCTEUR EN DROIT, L'UN DES CONCURRENS POUR CINQ PLACES VACANTES DANS DIVERSES FACULTÉS.

PARIS.

A. PIHAN DELAFOREST,

Imprimeur de Monsieur le Dauphin, de la Cour de Cassation, du Collège royal de Saint-Louis et de l'Association Paternelle des Chevaliers de Saint-Louis,

RUE DES NOYERS, N° 37.

1827.

JUGES DU CONCOURS.

MM.

Delvincourt, Membre du Conseil royal de l'Instruction publique,
Doyen de la Faculté de Droit, Président du Concours.

Morand,
Pardessus,
Berriat-Saint-Prix,
De Portets,
Duranton, } *Professeurs.*
Demante,
Ducaurroy,
Demiau,
Bugnet,

ARGUMENTANS.

MM.

Bravard,
Brochain,
Serrigny, } *Docteurs en Droit.*
Duclos,
Lesellier,
Oudot,

DES EFFETS ET DE L'EXTINCTION

DES

PRIVILÉGES ET HYPOTHÈQUES.

CODE CIVIL, Liv. III, Tit. XVIII, Chap. VI, VII, VIII et IX.

DE L'EFFET DES PRIVILÉGES ET HYPOTHÈQUES, CONTRE LES TIERS DÉTENTEURS.

Un système hypothécaire doit, par sa publicité, protéger également tous les droits des créanciers et des acquéreurs.

Les premiers pourront sonder les ressources de celui à qui ils confient leurs capitaux, les autres trouver les moyens de consolider leurs acquisitions, et tous ne devront imputer qu'à leur négligence les pertes qu'ils auront ressenties.

Mais les avantages de cette publicité ne peuvent appartenir qu'à ceux qui auront rempli les formalités voulues par la loi. Il ne suffira plus d'avoir des hypothèques occultes pour en faire sentir les effets aux créanciers et acquéreurs postérieurs; ceux-ci devront être prévenus d'avance des dangers qu'ils courent, et tel est le but de l'inscription sur les registres publics des conservateurs.

De là, la disposition du Code consignée en tête de ce chapitre, en vertu de laquelle les privilèges et hypothèques ne produisaient le droit de suite, que sous la condition qu'ils seraient inscrits avant l'acte authentique d'acquisition. Ce dernier acte a suffi pour purger tous les priviléges et hypothèques non inscrits, excepté ceux que d'autres dispositions dispensent de cette formalité.

Mais on s'aperçut bientôt qu'une application trop rigoureuse des principes entraînerait des injustices, et qu'un débiteur de mauvaise foi pourrait facilement en abuser pour frustrer ses créanciers. La crainte de voir cette fraude se réaliser donna naissance à la disposition dérogatoire de l'article 834 du Code de Procédure, dont il faut apprécier l'étendue, et qui, comme exception au principe général d'abord établi, doit être sévèrement restreinte dans ses termes. Elle statue soit sur les hypothèques, soit sur les priviléges, et il en résulte :

1°. Que les créanciers ayant hypothèque conventionnelle ou judiciaire, non inscrite avant l'aliénation de l'immeuble hypothéqué, pourront encore, en s'inscrivant dans la quinzaine de la transcription de cet acte d'aliénation, conserver le droit de surenchère consacré par la disposition de l'article 2185 du Code Civil, et par conséquent leurs hypothèques.

2°. Que cette disposition ne concerne pas les hypothèques légales des femmes et des mineurs, qui sont dispensées d'inscriptions, ni celles de l'Etat, des communes et des établissemens publics, qui restent dans la règle générale de l'article 2166 du Code Civil.

3°. Que tout créancier privilégié sur un immeuble, qui ne prend pas inscription dans la quinzaine de la transcription de l'acte d'aliénation, ne peut plus avoir ni droit de surenchère, ni préférence quelconque en vertu de son privilége.

4°. Que cette dernière règle souffre deux exceptions; pour le vendeur, et pour les cohéritiers ou copartageans. Faute par eux d'avoir pris inscription dans la quinzaine dont il s'agit, ils perdent bien le droit de surenchère, mais conservent encore les avantages qui leur sont accordés par les articles 2108 et 2109 du Code Civil.

Ces avantages sont : *pour le vendeur,* de prendre encore inscription pendant un temps indéfini, et ce, au moyen de la simple transcription de son titre, le conservateur étant chargé, sous sa responsabilité personnelle, de l'inscription d'office.

Pour le copartageant, de prendre encore inscription dans soixante jours, à dater de l'acte de partage.

Le vendeur et le copartageant qui auraient perdu le droit de surenchère, pourront donc avoir encore leur privilége à exercer, soit sur le prix dû par le tiers acquéreur, soit sur celui résultant de l'adjudication faite d'après la surenchère d'autres créanciers.

Les effets communs aux priviléges et aux hypothèques, et qui font l'objet de ce chapitre du Code, ne portent que sur les immeubles. Quant aux meubles, le privilége seul peut les atteindre, encore faut-il qu'ils restent toujours dans la possession du débiteur, sauf le cas de la revendication accordée au vendeur et au locateur, et dont la forme et les délais sont déterminés par des dispositions particulières qui sont étrangères à notre sujet.

Tout tiers détenteur d'immeubles hypothéqués ou affectés de priviléges, peut donc être actionné, comme détenteur, par les créanciers ayant hypothèque ou privilége inscrit avant l'acquisition ou dans les délais dont on vient de parler. Mais la loi lui accorde plusieurs moyens de s'affranchir de ces poursuites : il peut purger sa propriété, ou payer toutes les dettes hypothécaires, ou enfin délaisser le fonds hypothéqué.

Ces modes de libération, accordés au tiers détenteur, sont soumis à une première condition générale. Outre sa qualité de détenteur, il faut qu'il ne soit pas personnellement obligé à la dette ; car l'obligation personnelle s'attache au débiteur, et nul ne peut se libérer de ses dettes en abandonnant ses biens ou en en payant la valeur à ses créanciers.

Or, il y a deux causes principales qui soumettent le détenteur d'un bien hypothéqué à l'obligation personnelle de la dette.

La première est la succession à titre universel. Le successeur à titre universel, soit héritier, soit légataire, représente le défunt, son auteur, et doit être tenu comme cet auteur l'était lui-même.

La seconde est la soumission personnelle de la part du tiers détenteur dans l'acte, soit onéreux, soit lucratif, qui lui a transféré la propriété de l'immeuble hypothéqué.

Pour purger sa propriété, le tiers détenteur remplira les formalités dont il sera parlé en traitant des modes d'extinction des priviléges et hypothèques.

Déchu de cette première faculté, il écartera encore les créanciers, en payant tous les intérêts et capitaux exigibles, et il jouira, pour ceux qui sont à terme ou conditionnels, des délais accordés au débiteur originaire. Mais ce n'est qu'en désintéressant généralement tous les créanciers inscrits, que le détenteur peut conserver désormais sa propriété libre. Lorsqu'il ne paie que l'un de ces créanciers, par exemple, le premier en ordre d'inscription, il n'acquiert que le droit de subrogation, dont il faut rechercher les effets, mais qui ne peut empêcher tout autre créancier de venir exiger aussi son paiement ou exproprier.

La subrogation dont on vient de parler aura lieu de plein droit, quant aux priviléges ou hypothèques du créancier payé, sur l'immeuble dont le tiers acquéreur est en possession.

Relativement aux autres immeubles qui seraient hypothéqués au même créancier, la subrogation n'existera pas de plein droit, mais elle pourra être obtenue au moyen de l'exception appelée *cedendarum actionum*, et qui appartient à toute personne payant au nom du débiteur, ou intéressée à l'acquittement de l'obligation.

Pour apprécier les effets de cette subrogation légale et conventionnelle, soit contre les autres créanciers ayant hypothèques sur les mêmes immeubles, soit contre d'autres acquéreurs de fonds également hypothéqués au créancier subrogeant, il faut distinguer deux cas : ou le tiers détenteur n'avait pas encore payé le prix de l'acquisition à son vendeur, ou il l'avait déjà payé.

Dans l'un et l'autre cas, et seulement à l'égard des créanciers, les effets de la subrogation sont les mêmes : le tiers détenteur conservera le fonds acquis, ou, en cas de poursuites, sera préféré à tout autre sur le prix, jusqu'à concurrence de ce qu'il a payé ; si la valeur de la créance par lui acquittée excède le prix du même fonds, il primera pour cet excédant, et sur les autres fonds hypothéqués à la même créance, tous autres créanciers postérieurs, comme le subrogeant l'aurait fait lui-même.

Si le tiers détenteur n'a pas payé le prix de l'acquisition au vendeur, la subrogation n'aura d'effet à l'égard des acquéreurs d'autres fonds hypothéqués, comme on l'a supposé, à la même dette, que pour l'excédent de la créance sur le prix de l'immeuble et au moyen d'un recours hypothécaire exercé contre eux.

Si le tiers détenteur a payé le prix du fonds acheté, la subrogation produira ses effets pour toute la somme payée au créancier hypothécaire.

Le recours contre les autres acquéreurs est fondé dans ces deux cas sur ce que, se trouvant tous dans la même position vis-à-vis du créancier hypothécaire, leur perte ou leur avantage ne peut dépendre du hasard, qui a voulu que celui-ci attaquât l'un d'abord plutôt que l'autre.

Ce recours n'est point *in solidum*, autrement il en résulterait un circuit d'actions interminables, chaque défendeur pouvant opposer, au demandeur qui représente le créancier, la même exception *credendarum actionum* que celui-ci aurait opposée à un demandeur précédent ou au créancier lui-même. Il n'aura donc lieu qu'en proportion de la valeur comparative des fonds, tous les acquéreurs devant faire cause commune pour supporter la dette hypothécaire, sauf un recours personnel contre leur vendeur.

Une dernière observation à faire sur les effets de cette subrogation, c'est que si, après l'acquisition du tiers détenteur dont il s'agit, le créancier hypothécaire subrogeant avait fait remise de ses hypothèques aux autres acquéreurs, il ne pourrait plus demander toute sa créance au premier. S'étant, par son fait, mis dans l'impossibilité de lui accorder la subrogation dans des hypothèques qui n'existent plus, il serait écarté de sa demande pour tout ce que le recours contre ces autres acquéreurs aurait pu produire; il en serait autrement, et par une raison inverse, si la remise d'hypothèques avait été faite avant l'acquisition du tiers détenteur poursuivi.

Avant de payer tous les intérêts et capitaux exigibles pour se libérer de la poursuite des créanciers, le tiers détenteur peut encore leur opposer une exception dilatoire, qui consiste à les renvoyer à la discussion préalable des autres immeubles restés en la possession du débiteur, suivant les formes et conditions déterminées au titre du cautionnement. Il ne peut user de cette exception contre les créanciers privilégiés ou ayant hypothèque spéciale sur l'immeuble, mais seulement contre ceux ayant hypothèque générale.

. Le troisième moyen offert au tiers détenteur pour se soustraire aux poursuites des créanciers est le délaissement du fonds détenu. Il ne peut être fait que par ceux qui ont la capacité d'aliéner, parce que l'abandon d'une propriété ayant été considérée en quelque sorte comme une aliénation, a dû être naturellement interdit à ceux qui n'ont pas la libre disposition de leurs biens. Ainsi, ni le mineur, ni l'interdit tiers détenteur, n'auront la faculté du délaissement, sans que le créancier puisse être obligé d'attendre que l'on y observe les mêmes formalités que pour l'aliénation ordinaire des biens des mineurs, parce que cela occasionerait des retards plus ou moins longs qu'on n'a pas le droit de lui imposer.

Le délaissement ne peut être fait, comme on l'a déja dit, que par celui qui n'est pas personnellement obligé à la dette. Les condamnations obtenues contre le tiers détenteur, ou les reconnaissances faites par lui, mais en cette qualité seulement, ne produisent point une obligation personnelle ; elles ne sont que dans l'intérêt du créancier, par exemple, pour interrompre la prescription de l'hypothèque.

Le délaissement se fait par une déclaration au greffe du tribunal de la situation des biens, qui en donne acte au délaissant. Ensuite, sur la demande des parties intéressées, il est nommé à l'immeuble un curateur contre lequel on procède dans la forme des saisies immobiliaires. L'effet qu'il produit relativement au tiers détenteur n'est point irrévocable ; celui-ci peut, jusqu'à l'adjudication, reprendre l'immeuble en payant toute la dette et les frais de l'expropriation commencée.

Possesseur d'un fonds qu'il savait être hypothéqué, le tiers détenteur n'a pu y commettre ou y laisser survenir des dégradations, sans porter atteinte par sa faute aux droits des créanciers. Il en est donc responsable envers eux. Réciproquement, ceux-ci ne peuvent considérer comme leur gage que la chose même qui appartenait au débiteur originaire, et si le nouveau propriétaire y a fait des améliorations, elles lui appartiennent, et il pourra, sur le prix de tout le fonds, obtenir par préférence l'estimation de la plus value résultant de l'amélioration.

Mais la connaissance de l'hypothèque n'a pu suffire pour constituer le possesseur en mauvaise foi relativement à la perception des fruits, parce qu'il avait lieu d'espérer que le débiteur paierait ses dettes, et que, par la constitution d'hypothèque, le débiteur n'est pas dépouillé de la propriété de sa chose et du droit de la transférer à un autre. Ce possesseur jouira donc des fruits, et il les acquerra irrévocablement jusqu'à l'interpellation des créanciers.

Le délaissement, où l'adjudication faite sur le tiers détenteur, opérant la résolution de son droit de propriété, doivent le replacer dans la même position où il était auparavant, et faire revivre tous ses droits sur l'immeuble ; néanmoins, comme cette résolution n'a eu lieu que dans l'intérêt des créanciers hypothécaires du débiteur, elle ne doit pas préjudicier aux créanciers du délaissant qui auront encore le droit d'exercer leurs hypothèques sur le bien délaissé ou adjugé, lorsque tous les autres auront été désintéressés.

Enfin, le tiers détenteur qui a payé la dette hypothécaire, ou délaissé l'immeuble hypothéqué, ou subi l'expropriation de cet immeuble, a le recours *tel que de droit* contre le débiteur principal.

Ces expressions *tel que de droit* nous indiquent que la garantie dont il s'agit peut être modifiée suivant la nature du titre d'acquisition.

Si ce titre était onéreux, la garantie sera pleine et entière; les bases en sont indiquées au titre de la vente.

Si ce titre était lucratif, quoiqu'en général le donateur ne soit point tenu à la garantie s'il n'y a stipulation expresse ou dol de sa part, cependant, le tiers acquéreur ne sera pas pour cela privé de recours; mais ce recours sera fondé sur un autre principe, et la quotité n'en sera plus la même.

Il est incontestable en effet que la donation particulière d'un immeuble hypothéqué n'impose nullement au donataire l'obligation personnelle de payer la dette; car l'hypothèque n'est pas un démembrement de la propriété, mais un simple gage, un cautionnement réel. Cette obligation personnelle continue donc de résider toute entière sur la tête du donateur; si elle vient à être acquittée, soit avec les deniers mêmes du donataire, soit avec ceux provenus de la vente d'une chose qui lui appartient, il doit nécessairement avoir un recours contre le donateur, autrement celui-ci serait libéré aux dépends de l'autre, et ce serait une manière indirecte de révoquer la donation.

Du reste, par cela même que le recours du donataire n'est plus fondé que sur le remboursement qui doit être fait à celui qui paie les dettes d'un autre, il ne comprendra que les sommes effectives employées à ce paiement.

DE L'EXTINCTION DES PRIVILÉGES ET HYPOTHÈQUES.

L'hypothèque et le privilége sont des droits réels et accessoires qui garantissent une obligation principale, et doivent conséquemment s'éteindre avec elle, l'accessoire ne pouvant exister sans le principal.

Mais le principal n'est pas réciproquement subordonné au sort de l'accessoire, d'où il suit que les modes particuliers d'extinction auxquels sont soumis les priviléges et hypothèques ne portent point atteinte à l'existence de l'obligation.

Les moyens d'extinction des priviléges et hypothèques sont au nombre de quatre : 1° l'extinction de l'obligation principale ; 2° la renonciation du créancier à l'hypothèque ; 3° l'accomplissement des formalités et conditions prescrites aux tiers détenteurs pour purger les biens par eux acquis ; 4° la prescription.

Tous les modes d'extinction de l'obligation principale sont décrits au titre des obligations ; leur détail sortirait des bornes de cette dissertation.

La renonciation du créancier à l'hypothèque peut être expresse ou tacite. Elle est expresse lorsqu'on la trouve littéralement contenue dans un acte émané de lui, et elle ne peut en ce cas donner lieu à aucune difficulté ; elle est tacite si, par exemple, il donne son consentement à un acte par lequel on accorde une hypothèque à une autre personne sur le fonds qui lui est déja hypothéqué, ou par lequel on aliène la propriété du même fonds. Mais comme la question de savoir s'il a réellement et en connaissance de cause donné le consentement dont il s'agit, peut recevoir une décision différente suivant les circonstances, elle est purement de fait et laissée à la prudence du juge qui devra se décider suivant la qua-

lité des actes, celle des personnes, et les différents rôles dans lesquels elles auront figuré.

Les principes de la prescription s'appliquent à l'hypothèque sous
un double rapport; d'abord en ce qui concerne le débiteur qui possède le fonds hypothéqué à sa dette, et ensuite en ce qui regarde
le tiers détenteur du même fonds.

Lorsque l'immeuble est resté entre les mains du débiteur, la
prescription de l'hypothèque s'acquiert par le temps fixé pour la
prescription des actions auxquelles elle est attachée.

Si l'immeuble est passé dans les mains d'un tiers détenteur, la
prescription de l'hypothèque s'accomplira par le temps réglé pour
la prescription de la propriété à son profit, c'est-à-dire après trente
ans, et à dater du premier acte de possession, s'il n'y a point de
titre, et s'il y a un titre, après dix ou vingt ans, et à dater du
jour de la transcription de l'acte translatif de propriété, suivant que
le créancier est ou non domicilié dans le ressort de la Cour Royale
de la situation de l'immeuble donné ou vendu.

La prescription de l'hypothèque s'interrompt de même que la
prescription de la propriété; mais comme la prescription de la propriété ne s'interrompt que par la privation de la possession, ou par
la signification personnelle des droits de l'interrompant, il s'en suit
que la prise ou le renouvellement d'une inscription qui n'a ni l'un
ni l'autre de ces caractères ne peut non plus produire une inter-
ruption de la part du créancier hypothécaire.

On a vu précédemment que pour purger la propriété comme
pour délaisser, la première condition essentielle était de n'être
pas obligé à la dette. Ainsi tous les nouveaux possesseurs, comme
l'acheteur, le copermutant, le donataire, le légataire particulier, etc., seront seuls admis à opérer ce mode d'extinction des
privilèges et hypothèques, dont il reste à développer les conditions et les effets.

DU MODE DE PURGER LES PROPRIÉTÉS DES PRIVILÉGES ET HYPOTHÈQUES.

La première formalité dont l'accomplissement est nécessaire de la part du tiers détenteur pour parvenir à ce but, est la transcription de son titre d'acquisition, c'est-à-dire la copie entière et littérale de ce titre dans un registre public à ce destiné, au bureau de la conservation des hypothèques; cette transcription doit être faite, soit avant les poursuites des créanciers, soit dans le mois au plus tard, à dater de la première sommation qui commence ces poursuites. Telle est la conséquence indirecte, mais nécessaire, de la disposition qui porte qu'à l'expiration de ce mois, le détenteur qui n'a pas fait la notification, dont il sera question dans un instant, est déchu de la faculté de purger; car cette notification ne peut se faire qu'après la transcription.

Le but de cette transcription est de donner aux créanciers le moyen d'acquérir une connaissance exacte des objets, du prix et des charges du contrat d'acquisition. Outre l'extrait qui en sera signifié à chacun d'eux, ils peuvent désirer de voir l'acte lui-même; et c'est pour éviter les frais considérables de la copie entière du titre dans chaque notification, que la transcription a été ordonnée dans un dépôt public, où chacun des créanciers pût recourir à son gré.

Les ventes ordinaires en justice, telles que les ventes de biens de mineurs, d'interdits, des biens dépendans d'une succession vacante ou acceptée sous bénéfice d'inventaire, ne sont point dispensées de cette formalité de la transcription, n'étant pas nécessairement faites en présence ou à la participation des créanciers; elles ne peuvent avoir le même effet que les expropriations forcées, parce que ceux-ci ont dû compter qu'aucune atteinte ne serait portée à leur droit sans qu'ils en fussent légalement avertis.

La seconde formalité à remplir par le nouveau propriétaire est une notification à chacun des créanciers inscrits de l'extrait de son titre, ainsi que de la transcription qui en a été faite, et un tableau en trois colonnes, contenant la date des hypothèques et des inscriptions, le nom des créanciers, et le montant des créances inscrites, ainsi que cela est expliqué par l'article 2183. Le même acte doit contenir soumission d'acquitter sur-le-champ les dettes hypothécaires, jusqu'à concurrence du prix, sans distinction entre celles qui sont exigibles ou non exigibles ; enfin il doit avoir lieu au plus tard dans le délai d'un mois, à dater de la première sommation faite par les créanciers. Ce terme expiré, l'acquéreur resterait déchu de la faculté de purger, réduit à payer l'intégralité des dettes, ou délaisser le fonds, et enfin, comme on l'a vu plus haut, s'il négligeait cette dernière alternative, à souffrir l'expropriation.

La désignation juste et précise du prix et des charges de la vente est indispensable. Cette désignation est la base, soit de la surenchère qui sera faite par les créanciers, s'ils reconnaissent que l'immeuble a été estimé loin de sa valeur, soit de l'ordre auquel il sera procédé, et qui ne peut porter que sur un prix certain. On peut observer ici que la notification serait faite sans inconvénient au domicile réel des créanciers, quoique la loi nous indique leur domicile élu, attendu que celui-ci a été exigé dans l'intérêt des tiers acquéreurs, et que chacun peut renoncer à un avantage purement personnel.

Elle doit être adressée non-seulement à tous les créanciers inscrits, sur le vendeur immédiat, mais encore sur tous les vendeurs précédens, sans quoi les privilèges et hypothèques de tous ceux qui auraient été omis, resteraient entiers sur le fonds.

Il n'y a que deux exceptions à cette règle ; 1° pour les créanciers inscrits seulement dans la quinzaine de la transcription des actes d'aliénation ; 2° pour ceux que le conservateur aurait omis dans le certificat d'inscription et à l'égard desquels il est responsable.

L'effet de cette notification est d'inviter les créanciers à enchérir sur le prix donné à l'immeuble s'ils le trouvent trop faible, et à provoquer en conséquence l'adjudication publique pour arriver à sa véritable valeur.

Les créanciers hypothécaires et privilégiés ont seuls le droit de surenchérir, à l'exclusion des simples chirographaires, parce que ceux-ci n'ont aucun droit de suite sur l'immeuble sorti des mains du débiteur; et quoique l'acquéreur ne soit pas tenu de notifier au créancier inscrit seulement dans la quinzaine après la transcription, ou omis dans le certificat du conservateur, cette circonstance ne prive pas celui-ci de la faculté de surenchérir, parce qu'elle est attachée à la qualité de créancier *inscrit*. Seulement l'exercice en étant borné au délai de quarante jours qui court contre les autres créanciers, ce délai sera moindre pour lui; il pourra même être réduit à vingt cinq jours, si l'inscription n'a été prise qu'à l'extrémité de la quinzaine.

Reste à savoir, dans le cas où il serait seul, de quelle époque on ferait courir les quarante jours donnés à tous les créanciers pour surenchérir. Et il paraît naturel que ce soit depuis la transcription; car alors, par cela même que l'acquéreur n'a été dans l'obligation de faire de notifications à personne, elles ont été censées faites à tout le monde.

On vient déja de dire que la faculté de la surenchère n'est donnée qu'aux créanciers hypothécaires, et qu'elle est essentiellement subordonnée à la qualité de créancier *inscrit*. Pour avoir cette dernière qualité telle qu'elle est exigée par la loi, l'inscription doit être régulière. Il convient donc de déterminer quelle est pour tous et chacun des créanciers privilégiés ou hypothécaires, le terme fatal passé lequel l'inscription serait inutile pour remplir le but qui nous occupe. Ce terme fatal doit être :

Pour tous les créanciers privilégiés et pour les créanciers ayant hypothèque conventionnelle ou judiciaire, l'expiration de la quinzaine qui suit la transcription de l'acte d'aliénation ;

Pour les créanciers ayant hypothèques légales non dispensées d'inscription, l'acte authentique d'aliénation ;

Enfin pour ceux ayant hypothèques légales dispensées d'inscription, les deux mois pendant lesquels sont exposées les affiches qui remplacent la transcription et notification.

L'exercice de la faculté de surenchère doit être annoncé par les créanciers dans les délais et formes rigoureuses établies par l'article 2185 :

1° Leur réquisition doit être signifiée au nouveau propriétaire dans quarante jours, au plus tard, de la notification faite à la requête de ce dernier, en y ajoutant deux jours par cinq myriamètres de distance entre le domicile élu et le domicile réel de chaque créancier requérant ;

2° Elle doit contenir soumission du requérant de porter ou faire porter le prix à un dixième en sus de celui qui aura été stipulé dans le contrat, ou déclaré par le nouveau propriétaire ;

3° La même signification doit être faite dans le même délai au précédent propriétaire débiteur principal. En sorte que s'il y avait eu plusieurs aliénations successives du même immeuble, sans qu'aucun des acquéreurs l'eût purgé des hypothèques, la signification devrait être faite à chacun des vendeurs successifs.

4° L'original et les copies de ces exploits seront signés par le créancier requérant ou par son fondé de procuration expresse, lequel, en ce cas, est tenu de donner copie de sa procuration ;

5° Il doit offrir de donner caution jusqu'à concurrence du prix et des charges ; le tout, à peine de nullité.

Il est important de remarquer ici un des effets principaux de la spécialité de l'hypothèque. Tout le droit hypothécaire porte sur l'immeuble et uniquement sur l'immeuble hypothéqué. De même qu'il ne peut être restreint à une partie, de même aussi on ne doit pas l'étendre à d'autres objets. C'est sur ce principe qu'est fondée la disposition de la loi portant que : Si le titre du nouveau propriétaire comprend des immeubles et des meubles, ou plusieurs immeubles, les uns hypothéqués, les autres non hypothéqués, situés dans le même ou dans divers arrondissemens de bureaux, aliénés pour un seul et même prix, ou pour des prix distincts et séparés, soumis ou non à la même exploitation, le prix de chaque immeuble frappé d'inscriptions particulières et séparées sera déclaré dans la notification du nouveau propriétaire, par ventilation, s'il y a lieu, du prix total exprimé dans le titre. Le créancier surenchérisseur ne pourra, dans aucun cas, être contraint d'étendre sa soumission ni sur le mobilier, ni sur d'autres immeubles que ceux qui sont hypothéqués à sa créance et situés dans le même arrondissement ; sauf le recours du nouveau propriétaire contre ses auteurs, pour l'indemnité du dommage qu'il éprouverait, soit de la division des objets de son acquisition, soit de celle des exploitations.

Le délai de quarante jours expiré, ou les créanciers ont requis la mise aux enchères, ou ils ont gardé le silence.

Dans le dernier cas, il reste démontré qu'ils sont satisfaits du prix stipulé dans la vente, ou déclaré par le tiers détenteur qui devient alors propriétaire incommutable, en versant ce prix entre les mains de ceux qui seront en ordre pour le recevoir. C'est la dernière condition à laquelle est subordonnée l'entière purgation de l'immeuble, et il en obtiendra l'accomplissement en poursuivant la formation de l'ordre, en payant les créanciers suivant leurs bordereaux de collocation, et faisant radier les inscriptions par le conservateur à vue de ces bordereaux et des quittances des créanciers, ou du jugement de validité de la consignation, si les deniers ont été consignés.

Dans le premier, c'est-à-dire s'il y a surenchère, le droit de propriété de l'acquéreur est résolu ; il ne lui reste que la faculté de concourir aux adjudications publiques qui auront lieu suivant les formes établies pour les expropriations forcées ; et alors, nouvelle distinction : ou l'acquéreur se rendra adjudicataire, ou ce sera un étranger.

Si c'est l'acquéreur, il aura son recours tel que de droit contre son vendeur ou donateur, et la mesure exacte de ce recours sera la différence qui existe entre le prix de la vente volontaire et celui de l'adjudication, ou la totalité des sommes payées s'il est donataire; car après avoir recouvré le montant de cette différence, dans le premier cas, et ce qu'il a versé entre les mains des créanciers dans le second, il se retrouve exactement dans la même position que s'il n'eût pas été troublé par ces créanciers.

Du reste, il n'est point tenu de faire transcrire de nouveau le jugement d'adjudication. Cette transcription ayant eu lieu pour le premier contrat translatif de propriété, dont le jugement d'adjudication n'est en quelque sorte qu'une confirmation, il devient inutile de la renouveler, attendu que son but d'utilité, qui serait l'inscription d'office sur l'acquéreur, a déja été rempli.

Lorsqu'un étranger s'est rendu adjudicataire, le montant de son recours n'est plus déterminé, dans le cas où son titre était onéreux, par comparaison au prix d'adjudication, qui peut être inférieur à la valeur réelle de la chose dont il est évincé; la garantie pleine et entière lui en est due. Mais si son titre était lucratif, le montant de la répétition est toujours déterminée par les sommes effectives provenues de l'adjudication, et employées à la libération du débiteur envers ses créanciers.

De plus, le nouvel adjudicataire est tenu envers cet acquéreur évincé au remboursement de tous les frais et loyaux coûts du contrat, des transcriptions, notifications, etc. ; et comme celui-ci est naturellement resté en possession du fonds pendant les poursuites, il ne peut être dépossédé avant ce remboursement qui fait partie et condition expresse du cahier des charges.

Telles sont les suites de l'enchère faite par les créanciers inscrits ou l'un d'eux, suites tellement nécessaires que le désistement du créancier requérant ne peut, lors même qu'il paierait le montant de sa soumission, empêcher l'adjudication publique. Cette enchère a produit un droit irrévocable pour tous les autres créanciers ; on en devine aisément la raison : le véritable prix de l'immeuble peut avoir été dissimulé, soit dans le contrat de vente, soit dans l'évaluation donnée par le propriétaire. Lorsqu'un des créanciers surenchérit, la même précaution devenant en quelque sorte inutile pour les autres parce qu'ils sont sûrs que la vente publique aura lieu, ils laisseront expirer le délai fatal de quarante jours ; et la loi leur aurait tendu un piège, si, exclus désormais du droit d'enchérir eux-mêmes, elle permettrait au premier créancier enchérisseur, fort reculé peut-être en ordre d'inscription, et qui n'aurait rien à espérer dans le montant des collocations, de pactiser avec l'acquéreur sur son désistement, pour frustrer tous les autres.

DU MODE DE PURGER LES HYPOTHÈQUES, QUAND IL N'EXISTE PAS D'INSCRIPTION SUR LES BIENS DES MARIS ET DES TUTEURS.

Il reste à nous occuper du mode particulier de purger les hypothèques légales des femmes et des mineurs lorsqu'il n'a pas été pris d'inscriptions sur les biens qui en sont frappés.

La transcription du contrat translatif de propriété et la notification requise à l'égard des créanciers hypothécaires ou privilégiés en général et même des femmes et mineurs, lorsqu'il existe inscription, sont alors remplacées par d'autres formalités.

L'acquéreur doit déposer copie duement collationnée du contrat translatif de propriété au greffe du tribunal de la situation des biens ; signifier ce dépôt tant à la femme et au subrogé tuteur qu'au procureur du roi, et afficher un extrait du contrat de vente ou de donation dans l'auditoire du tribunal ; pendant deux mois que durera cette affiche, les inscriptions au nom des femmes ou mineurs pourront être prises. Elles auront alors le même effet que si elles existaient dès le jour du mariage ou de l'entrée en gestion du tuteur.

A l'expiration des deux mois, s'il n'a été pris aucune inscription du chef des femmes, mineurs ou interdits, l'immeuble est purgé entre les mains de l'acquéreur et en faveur de celui-ci, de sorte qu'il pourra immédiatement payer le prix de son acquisition, soit aux créanciers inscrits, en vertu du jugement d'ordre, soit au vendeur lui-même, en l'absence d'autres créanciers.

Mais si avant ce paiement, et soit pendant l'ordre, soit après la clôture de l'ordre, la femme ou le mineur se présentaient pour faire valoir leurs droits, l'acquéreur ne pourrait payer au mépris de leurs oppositions ; il n'est point juge de la question qui sera à décider entre eux et les autres créanciers. La propriété a bien été en sa faveur définitivement purgée des hypothèques légales, afin que les biens pussent être rendus au commerce ; mais cette faveur n'a été accordée qu'à lui et non aux autres créanciers. A l'égard de ceux-ci, le droit des femmes et des mineurs ou interdits reste tout entier. Il ne peut plus s'exercer que sur le prix ; mais ce prix n'en est pas moins leur gage, parce que leurs hypothèques, dispensées d'inscription, n'ont pas cessé d'exister envers tous les autres créanciers, et que ce n'est pas pour ceux-ci que le législateur a imaginé les modes de purgation.

La femme mariée, le mineur, l'interdit, lors même que leurs hypothèques ne sont pas inscrites au moment où le nouveau propriétaire se propose de les purger, doivent avoir sans doute aussi l'avantage de la surenchère pour porter remède aux aliénations à vil prix consenties par leurs débiteurs ; mais incapables de s'obliger sans autorisation, leur enchère devra être accompagnée de toutes les formalités requises en pareille circonstance.

Le délai pour faire cette enchère devra être celui de deux mois prescrit par l'article 2194. Il ne pourra être plus court, attendu que d'après cet article, la femme ou le mineur qui ont pris inscription dans les deux mois, ont conservé l'intégrité de leurs hypothèques, et ne peuvent conséquemment en avoir perdu plus tôt l'important accessoire de la faculté de surenchère. D'un autre côté, ce délai ne pourra être plus long, puisque, passé les deux mois, l'immeuble est purgé entre les mains de l'acquéreur. Ainsi, la faculté d'inscrire comme celle de surenchérir seront circonscrites à la fois dans le terme de deux mois fixé par l'article 2194.

Inscription prise à temps contre l'acquéreur au nom des femmes, mineurs ou interdits, ceux-ci peuvent se trouver en concurrence avec d'autres créanciers hypothécaires ou antérieurs ou postérieurs à eux ; il faut donc déterminer les effets de ce concours, soit à l'égard des créanciers entre eux, soit à l'égard de l'acquéreur. Mais une observation préalable est nécessaire sur la nature des créances auxquelles sont attachées les hypothèques légales dont il s'agit.

Les créances des mineurs sont toujours indéterminées puisque elles consistent dans le reliquat dû par le tuteur après l'apurement de son compte tutélaire. Les créances des femmes sont déterminées pour tout ce qu'elles ont apporté en dot, ou qui a été stipulé à leur profit soit dans le contrat de mariage, soit dans des actes postérieurs; mais elles ne sont que conditionnelles pour les douaires et gains de survie subordonnés au prédécès du mari.

Partant de là, ou il y a des créanciers antérieurs aux femmes et mineurs, ou ce sont les hypothèques de ceux-ci qui sont les plus anciennes.

S'il y a des créanciers antérieurs qui absorbent le prix de l'immeuble en totalité, l'acquéreur est libéré en payant ce prix entre leurs mains et les inscriptions du chef des femmes et mineurs sont

rayées en totalité. S'ils n'absorbent qu'une partie du prix, l'acquéreur pourra également payer cette partie et en être définitivement
libéré, mais le surplus restera entre ses mains jusqu'à ce que les
créances des femmes et des mineurs puissent être remboursées à la
dissolution de la société conjugale ou à la fin de la tutelle, et, en
attendant, les inscriptions de leur chef seront rayées jusqu'à due
concurrence, c'est à dire qu'elles n'auront plus pour objet que la
partie du prix restée entre les mains de l'acquéreur.

Si les hypothèques des femmes et des mineurs sont les plus anciennes, l'acquéreur ne peut faire aucun paiement du prix au pré-
judice de leurs inscriptions, et celles des autres créanciers qui ne
viennent pas en ordre utile doivent être rayées. Mais pour savoir
si les créanciers postérieurs viennent ou non en ordre utile, il faut
que ceux qui les précèdent aient des créances *certaines* et *déterminées*.

Ainsi cette disposition recevra facilement son exécution toutes
les fois qu'il s'agira des apports dotaux de la femme, dont la somme
ou la valeur est connue; mais lorsqu'il s'agira de ses gains de survie
ou des créances des mineurs sur leur tuteur dépendans du reliquat
de compte, il paraît évident que la radiation des inscriptions des
créanciers postérieurs ne peut être faite avant la détermination du
quantum de ces créances ou la certitude qu'elles existeront, et
qu'en attendant, ces créanciers doivent être conditionnellement
colloqués; car, si à la fin du mariage ou de la tutelle, les créances
éventuelles de la femme ou du mineur se trouvaient réduites à rien,
toutes les radiations d'autres inscriptions auraient été faites sans
cause, et les droits des créanciers postérieursseraient injustement
sacrifiés.

QUESTIONS.

I.

Avant la promulgation de l'article 834 du Code de Procédure, l'aliénation authentique seule suffisait-elle pour purger tous les priviléges et hypothèques non inscrits sur le fonds ? — Réponse affirmative : Sauf l'exception qui résulte, pour la donation, de l'article 941 du Code Civil.

II.

L'acquéreur d'un fonds grevé d'hypothèques qui paie l'un des créanciers inscrits, et qui est subrogé aux droits de ce créancier, aura-t-il, contre d'autres acquéreurs de fonds également hypothéqués au créancier subrogeant, un recours hypothécaire *in solidum*, si son titre d'acquisition est le plus ancien ? — Réponse négative.

III.

L'obligation de payer la dette hypothécaire, contractée entre le débiteur et le tiers-acquéreur seulement, rend-elle celui-ci non recevable à délaisser le fonds ? — Réponse ~~négative~~ *affirmative*.

IV.

De quelle époque les fruits dus par le tiers détenteur, en vertu de l'article 2176, sont-ils immobilisés au profit des créanciers hypothécaires ? — Du jour de la première sommation de payer ou de délaisser.

V.

De quel moment le tiers détenteur sommé par les créanciers hypothécaires de payer ou délaisser le fonds , est-il passible de l'action en indemnité à raison des dégradations commises ou survenues par sa négligence dans le fonds ? — Du jour des inscriptions.

VI.

L'acquéreur délaissant ou exproprié a-t-il le droit de rétention pour ses impenses et améliorations d'après l'article 2175 du Code Civil. — Réponse négative.

VII.

Si celui qui acquiert *à non domino* un fonds hypothéqué, le possède pendant dix ans, le véritable propriétaire étant domicilié dans le ressort de la Cour Royale de la situation de l'immeuble , et le créancier hypothécaire dans un autre ressort, aura-t-il prescrit en même temps et la propriété et l'hypothèque? — Réponse négative.

VIII.

Si l'obligation principale qui avait été éteinte , revit par l'éviction de la chose donnée en paiement , l'hypothèque revivra-t-elle aussi au même rang qu'elle avait d'abord? — L'hypothèque revivra ; mais si l'inscription a été rayée, elle n'aura plus rang qu'à dater d'une nouvelle inscription.

IX.

L'acquéreur de droits successifs peut-il purger les hypothèques frappant sur les immeubles de la succession ? — Il ne le peut qu'autant que le défunt l'aurait pu lui-même.

X.

La sommation dont il est parlé dans l'article 2183 est-elle la même que celle dont il est parlé dans l'article 2169 ? — Réponse négative.

XI.

La notification et l'offre de payer faites par l'acquéreur aux créanciers, peuvent-elles être rétractées ? — Réponse négative.

XII.

Si un premier acquéreur, ayant acquis un fonds grevé d'hypothèques, en impose de nouvelles sans avoir purgé celles du chef de son vendeur, et revend ensuite le fonds à un nouvel acquéreur, celui-ci, pour purger sa propriété, sera-t-il obligé de transcrire tant son propre contrat d'acquisition que celui de son auteur ? — Réponse affimative.

XIII.

Si un tiers acquéreur, déchu de la faculté de purger, revend à un second acquéreur, celui-ci aura-t-il de nouveau cette faculté ? — Réponse négative.

XIV.

Le créancier dont l'inscription a été omise dans le certificat délivré par le conservateur au tiers acquéreur, conserve-t-il la faculté de surenchérir ? — Réponse affirmative.

XV.

La prescription de l'article 2194 court-elle contre les femmes et les mineurs pendant le mariage ou la tutelle? — Réponse affirmative.

A. PIHAN DELAFOREST , Imprimeur de Monsieur le Dauphin et de la Cour de Cassation , rue des Noyers , n° 37.